**Mit Resilienz und
Gelassenheit
durch den Alltag**

AF063340

Widmung

Vielen Dank für die hervorragende Zusammenarbeit und der aktiven Unterstützung durch das gesamte K.O.M.-Team

Winfried Neun

Mit Resilienz und Gelassenheit durch den Alltag

Impressum

© tao.de in J. Kamphausen Mediengruppe GmbH, Bielefeld

1. Auflage (2017)

Autor: Winfried Neun
Printed in Germany

Verlag: tao.de in J. Kamphausen Mediengruppe GmbH, Bielefeld,
www.tao.de, eMail: info@tao.de

Bibliografische Information der Deutschen Nationalbibliothek:
Die Deutsche Nationalbibliothek verzeichnet diese Publikation in der Deutschen Nationalbibliografie; detaillierte bibliografische Daten sind im Internet über http://dnb.d-nb.de abrufbar.

ISBN Paperback: 978-3-96051-938-6
ISBN e-Book: 978-3-96051-939-3

Copyrightvermerk
Das Werk einschließlich aller seiner Teile ist urheberrechtlich geschützt. Jede Verwertung außerhalb der engen Grenzen des Urheberrechtsgesetzes ist ohne Zustimmung des Autors bzw. des Verlags unzulässig und strafbar. Das gilt insbesondere für Vervielfältigung, Übersetzung, Mikroverfilmung und die Einspei- cherung und Verarbeitung in elektronischen Systemen. Alle in diesem Buch enthaltenen Angaben, Ergebnisse usw. wurden von dem Autor nach bestem Wissen erstellt. Sie erfolgen ohne jegliche Verpflichtung oder Garantie des Verlages. Er übernimmt deshalb keinerlei Verantwortung und Haftung für etwa vorhandene Unrichtigkeiten. Die Wiedergabe von Gebrauchsnamen, Handelsnamen, Warenbezeichnungen usw. in diesem Werk berechtigt auch ohne besondere Kennzeichnung nicht zu der Annahme, dass solche Namen im Sinne der Warenzeichen- und Markenschutz-Gesetzgebung als frei zu betrachten wären und daher von jedermann benutzt werden dürften.

Inhalt

1.	Gesellschaftliche und individuelle Relevanz von Resilienz	07
1.1	Konsequenzen v. Dauerbelastungen für Unternehmen u. Gesellschaft	08
1.2	Persönliche Konsequenzen von Stress und Dauerbelastungen	10
2.	Definitionen der wichtigsten Begriffe	12
2.1	Psychische Belastung & Beanspruchung	12
2.2	Stress und Stressbewältigung	14
2.3	Resilienz: Ressourcen und Stressbewältigung	15
2.4	Burn-out	19
2.5	Work-Life-Balance	20
2.6	Weiterführende Literatur /Literaturangaben	21
3.	Handlungsoptionen: Dem Stress im Alltag resilient begegnen	22
3.1	Persönliche Handlungsmöglichkeiten	23
3.1.1	Gelassenheit	23
3.1.2	Weitere Optionen: Schlafhygiene und Unterstützung	26
3.2	Handlungsoptionen in Unternehmen – resiliente Führung	28
3.2.1	Resilienzorientiertes Verhalten und Führen als Organisationsstrategie	28
3.2.2	Belastungen erkennen und reduzieren	31

Über den Autor

Winfried Neun

Winfried Neun ist Verhaltensökonom und einer der bekanntesten und profiliertesten Innovationsberater Deutschlands. Als Gründer und Geschäftsführer der K.O.M.® Kommunikations- und Managementberatung verfügt Winfried Neun über die Erfahrungen aus mehr als 25 Jahren selbstständiger Beratungstätigkeit.

Er ist als Referent auf Kongressen und Symposien gefragt, als Fachautor in namhaften Printmedien sowie im Fernsehen präsent und als Beirat in diversen mittelständischen Unternehmen aktiv. Als internationaler Coach und Berater wird er von Politik, Wirtschaft und Verbänden gerne als Ratgeber für die professionelle Gestaltung von Veränderungen in Anspruch genommen.

Kontakt: Winfried Neun

K.O.M.® Kommunikations- und Managementberatungs GmbH

Web: www.kom-neun.de

E-Mail: info@kom-neun.de

Telefon: +49 (0)7533-9359-00

1. Gesellschaftliche und individuelle Relevanz von Resilienz

„Man never made any material as resilient as the human spirit."
Sir Bernard Arthur Owen Williams
Philosoph 1929-2003

Dieses Zitat von Bernard Williams bringt Resilienz auf den Punkt: Die Menschheit hat nie etwas Widerstandsfähigeres hervorgebracht als den menschlichen Geist. Resilienz bedeutet also so viel wie geistige oder psychische Widerstandsfähigkeit. Insgesamt umfasst Resilienz alle Fähigkeiten, die eine Person davor schützen eine psychische Erkrankung zu entwickeln. Im Hinblick auf aktuelle Fehlzeitenreports der Krankenkassen, die zeigen, dass Arbeitsausfälle wegen psychischen Erkrankungen deutlich steigende Tendenzen haben, rückt Resilienz immer mehr in den Vordergrund: Wie kann ich mich vor einem Burn-out schützen? Welche Verantwortung kommt dem Arbeitgeber dabei zu? Welche Konsequenzen haben Stress und Überbelastungen für mich und mein Team? Was bedeuten diese ganzen Begriffe überhaupt und ist das nicht alles das gleiche? Diese und ähnliche Fragen möchte dieses Booklet beantworten.

Zuerst soll das Augenmerk auf die Konsequenzen von Dauerbelastungen und Dauerstress gelegt werden. Damit soll aufgezeigt werden, warum es Sinn macht, sich dem Thema zu widmen und zwar sowohl als Einzelperson aber auch als Unternehmen. Konsequenzen zeichnen sich sowohl in Unternehmen als auch in der Gesellschaft ab. Nicht zuletzt sind die Leidtragenden aber jeder einzelne Erkrankte oder unter Stress Leidende.

1.1 Konsequenzen von Dauerbelastungen für Unternehmen und Gesellschaft

Für Unternehmen

2015 wurden in der deutschen Wirtschaft 578 Mio. Arbeitsausfalltage gezählt – das sind acht Prozent mehr als im Vorjahr und kostet im Jahr über 100 Mrd. EUR. (Bundesregierung, 2016). Laut Techniker Krankenkasse (2016) kommen den psychischen Erkrankungen dabei die meisten Fehltage zu, gefolgt von Erkrankungen der Atemwege und Herzkrankheiten. Damit hat sich die Zahl der psychisch bedingten Fehlzeiten seit 2000 verdoppelt. Daher scheint es für jedes Unternehmen auch finanziell rentabel zu sein, sich mit der Prävention psychischer Krankheiten auseinanderzusetzen, zumal die meisten aller stressbedingten Krankheiten durch Überlastungen im Beruf ausgelöst werden. Belohnung für nicht Krankheitstage ausschreiben setzt dabei jedoch das falsche Signal: Manche Konzerne, wie Daimler, möchten nun Prämien für das Nicht-Kranksein bezahlen und riskieren damit, dass sich Mitarbeiter langfristig größeren Schaden zufügen oder andere anstecken, indem sie trotz Krankheit zur Arbeit kommen.

Gerade in Zeiten, in denen es an gutem Fachpersonal mangelt, sollte der Arbeitgeber seiner Schutzpflicht nachkommen und sich das gute Personal erhalten. Oftmals sind es die als High-Potentials oder Leistungsträger gehandelten Mitarbeiter, die im Verlauf ihrer beruflichen Karriere an einem Burn-out erkranken. Daher macht es für Unternehmen Sinn, gerade ein Augenmerk auf diese sehr motivierte Gruppe zu legen und sie vor Überlastungen zu schützen.

Neben rein finanziellen Aspekten trägt ein fürsorglicher Arbeitgeber dazu bei, dass das Commitment und damit auch die Arbeitsleistung seiner Arbeitnehmer steigen. Ebenso wächst sein Ansehen als Arbeitgeber-Marke, was sich im immer aggressiver werdenden War-of-Talents nur positiv auswirken kann.

Insgesamt lohnt es sich für Arbeitgeber also langfristig, sich um den psychischen Gesundheitsschutz ihrer Mitarbeiter zu kümmern.

Für die Gesellschaft

Oben bereits beschriebene 100 Mrd. € Verluste durch Krankheitstage wirken sich auch auf unser Wirtschaftswachstum aus. Insgesamt leidet also auch die Gesellschaft unter der Erhöhung psychischer Krankheiten aber auch unter dem erhöhten psychischen Druck. Eine Konsequenz daraus ist, dass sich die, die es sich leisten können deutlich häufiger Auszeiten nehmen als früher. Das sind dann Zeiten, in denen Sie nichts verdienen und somit auch nicht in die Sozialkassen einzahlen. Gleichzeitig ist die Zahl der Frührenten deutlich gestiegen, damit muss der Staat in vielen Fällen früher und länger Rente bezahlen.

Aber nicht nur finanziell gesehen stellt das verringerte Wohlbefinden der Gesellschaft ein Problem dar. Globale Studien konnten zeigen, dass ein Abfall des subjektiven Wohlbefindens der Bevölkerung in vielen Fällen zu politischem Extremismus führt. Gerade in armen Ländern finden sich häufiger Bürgerkriege und die Menschen neigen zu radikaleren Einstellungen. Dabei gilt, je geringer das subjektive Wohlbefinden, desto höher die Wahrscheinlichkeit einer Radikalisierung. Dabei ist aber eben vom subjektiven Wohlbefinden die Rede. Das bedeutet, dass auch Länder in denen es den Menschen objektiv betrachtet gut geht radikaler werden können, weil ihr subjektives Wohlbefinden gesunken ist. Aktuelle politische Tendenzen in Deutschland können bereits als erste Anzeichen einer Radikalisierung gesehen werden, die auf eine Reduktion des Wohlbefindens der Menschen zurückzuführen wäre. Daher liegt es im Interesse der Regierung, das Wohlbefinden der Gesellschaft wieder zu steigern. Psychische Belastungen und Überlastungen zu reduzieren, spielt dabei eine wichtige Rolle.

1.2 Persönliche Konsequenzen von Stress und Dauerbelastungen

Generell ist Stress nicht negativ, er dient als Warnsignal vor Gefahren, kann uns zu besseren Leistungen beflügeln und beschert Glücksgefühle. Steht man jedoch unter Dauerstress hat das negative Auswirkungen. Diese können auch als Warnsignale dienen. Einige Auswirkungen des Dauerstresses entstehen durch den Stress selbst, andere wiederrum durch dysfunktionale, also für die Person langfristig gesehen negative, Stressbewältigungsstrategien:

Körperliche Gesundheit

Das Stresshormon Cortisol ist in kurzen Stress-Phasen sehr hilfreich, es versetzt den Körper in erhöhte Alarmbereitschaft und unterdrückt andere, nicht lebenswichtige Funktionen. Fehlen allerdings die Ruhe-Phasen, die den Cortisol-Spiegel wieder reduzieren, ist das schlecht für die Gesundheit. Cortisol senkt nämlich neben anderen Körperfunktionen auch das Immunsystem. Die Folgen sind erhöhte Anfälligkeit für Infektionskrankheit, höheres Verletzungsrisiko sowie schlechtere Wundheilung.
Einige dysfunktionale Stressbewältigungsstrategien können darüber hinaus einen negativen Einfluss auf die Gesundheit haben. So fehlt Menschen unter Stress vermeintlich oft die Zeit zu essen oder gesund zu essen. Ebenso fehlt die Zeit für Bewegung. Dieses Verhalten führt zu einer erhöhten Anfälligkeit für Infektionskrankheiten. Als schlechte Bewältigungsstrategie kann auch der Konsum von weichen Drogen genannt werden. Hierdurch werden Folgeerkrankungen wahrscheinlich, die neben einer möglichen Sucht auftreten können.

Schlaf

Ein erhöhter Cortisol-Spiegel sowie das Grübeln über mögliche Stressoren vor dem Einschlafen halten den Menschen vom Schlafen ab. Der Ärger über das Nicht-Schlafen-Können aktiviert den Körper. Der aktivierte Körper kann noch weniger einschlafen. Durch den Schlafmangel wiederum wird man noch stressanfälliger. Ein Teufelskreis entsteht, der möglichst schon am Anfang durchbrochen werden sollte. Daher ist es wichtig, auf eine entsprechende Schlafhygiene zu achten. Mehr zum Thema Schlafhygiene finden Sie in Kapitel 3.1.2.

Kognitive Leistungsfähigkeit

Das ständige Sorgen machen aber auch die körperlichen Auswirkungen des Stresses haben zur Folge, dass auch die kognitive Leistungsfähigkeit schlechter wird:

- Konzentrationsprobleme: Beispielsweise durch Ablenkung mit Grübeln und über Sorgen und Probleme nachdenken.

- Keine Kreativität möglich: Für Einfallsreichtum und Kreativität benötigt der Mensch Ruhe-Phasen und Zeit sich auf das Problem zu konzentrieren. Unter Stress und Zeitdruck können demnach keine Diamanten entstehen. Als Beispiel soll hier Archimedes dienen, dem die rettende Idee, wie er den Goldgehalt in der Krone des Königs bestimmen konnte, beim Entspannen in der Badewanne einfiel.

- Eingeschränkte Wahrnehmung: Unser Körper reagiert unter Stress mit einer zwar fokussierten, dafür aber eingeschränkten Wahrnehmung. Damit passieren unter Stress mehr Autounfälle oder in Fabriken Unfälle mit Maschinen.

Psychische Probleme

Dauerstress hat auch Auswirkungen auf unsere Psyche. Die Konsequenzen können Gefühle der Unzulänglichkeit und damit eine Gefahr für den Selbstwert sein. Diese äußern sich im schlimmsten Fall in einer Depression. Die Krankheitsbilder, die in diesem Zusammenhang am häufigsten genannt werden, sind Burn-out oder Bore-out. Dauerstress kann aber beispielsweise auch andere psychische Krankheiten, wie Schizophrenie, auslösen oder aktivieren.

Es zeigt sich also, dass sowohl Unternehmen und Gesellschaft, aber auch jeder einzelne ein Interesse daran haben sollte, eine dauerhafte Überlastung zu vermeiden. Was Unternehmen und Einzelpersonen tun können, um resilienter zu werden, klärt Kapitel 3. Zunächst soll aber erstmal genau definiert werden, worum es geht. Viele Begriffe werden im Zuge von Burn-out und psychischer Überforderung munter irgendwie und oft auch falsch verwendet. Daher soll Kapitel 2 zunächst klären, was man genau unter den einzelnen Begriffen versteht.

Literatur:
Bundesregierung: Über den Stand von Sicherheit und Gesundheit bei der Arbeit. 2016.
Techniker Krankenkasse: Gesundheitsreport 2016: Gesundheit zwischen Beruf und Familie. 2016.

2. Definitionen der wichtigsten Begriffe

Rund um das Thema Resilienz gibt es einige Begriffe, die heutzutage in aller Munde sind. Sie werden gerne synonym aber vor allem inflationär gebraucht. Dieses Kapitel möchte etwas Klarheit in das Begriffschaos bringen. Beleuchtet werden hier die wohl am häufigsten verwendeten Terminologien: Stress, Stressbewältigung, psychische Belastung & Beanspruchung, Resilienz, Work-Life-Balance und Burn-out. Beginnen wollen wir bei der von der DIN-Norm definierten Nomenklatur: psychische Belastung und Beanspruchung.

2.1 Psychische Belastung & Beanspruchung

Hier soll zunächst eine kurze Definition der zu dem Thema relevanten DIN Normen verdeutlichen, wie komplex das Thema Stress, Arbeitsbelastung und damit einhergehend auch Resilienz ist. Um sich auf diese Definition zu einigen, haben Forscher aus verschiedenen Disziplinen der Arbeitsforschung jahrelang gemeinsam daran gearbeitet, den kleinsten gemeinsamen Nenner zu finden:

Psychische Belastungen: „Die Gesamtheit aller erfassbaren Einflüsse, die von außen auf den Menschen zukommen und psychisch auf ihn einwirken." (DIN EN ISO 10075-1 S.3)

Psychische Beanspruchung: „Die unmittelbare (nicht die langfristige) Auswirkung der psychischen Belastungen im Individuum in Abhängigkeit von seinen jeweiligen überdauernden und augenblicklichen Voraussetzungen, einschließlich der individuellen Bewältigungsstrategien." (DIN EN ISO 10075-1 S.3)

Unter psychisch ist dabei das menschliche Erleben und Verhalten, also kognitive, informationsverarbeitende sowie emotionale Vorgänge im Menschen zu verstehen. Kurz gesagt werden also alle Reize, die auf einen Menschen einströmen, zunächst als psychische Belastung bezeichnet. Ob der Mensch dabei tatsächlich eine Beanspruchung empfindet, hängt von verschiedenen individuellen Faktoren ab. Das Gummi-Band Modell beschreibt diesen Zusammenhang recht anschaulich. Ein Gummiband wird durch einen Zug belastet. Wie das Gummiband mit dem Zug umgeht, hängt von seiner Beschaffenheit ab. Ist es beispielsweise besonders dick, gibt es nicht sonderlich nach, ist es aber dünn, kann man es leichter ziehen, es reißt aber auch leichter. Wenn das Gummiband schon älter ist, wird es porös und hält auch nicht sonderlich viel aus. Wenn das Gummiband schon sehr häufig benutzt wurde, hält es auch nicht mehr so viel aus, wie ein weniger benutztes Gummiband.

Ein Gummiband verhält sich aber auch je nach **Material** und **Umweltbedingung** auf die gleiche Belastung unterschiedlich. Insofern lässt sich schließen: je nachdem in welcher Umgebung und welches Gummiband ich belaste, entsteht eine andere Beanspruchung für das Band (vgl. Bartholdt & Schütz, 2010). Dieser Vergleich lässt sich auf das Nervenkostüm eines Menschen übertragen. Ein Presslufthammer vor dem Bürofenster stellt zunächst eine Belastung dar, ob die Mitarbeiter im Büro ihn als Beanspruchung empfinden, hängt davon ab, ob sie beispielsweise gerade viel zu tun haben oder ob sie ein sensibles Gehör haben und anfällig für Lärm sind. Das unterscheidet sich je nach Person und Umstand. Also wie gut kann die Person generell mit Belastungen umgehen und wie beansprucht ist sie bereits. Ist die Beanspruchung hoch entsteht Stress. Was das ist und was Stressbewältigung bedeutet, will folgendes Kapitel erläutern. Resilienz hingegen beschreibt, was eine Person schützt, damit aus Belastungen keine Beanspruchungen werden. Was Resilienz genau ist wird in Kapitel 1.3 beschrieben.

2.2 Stress und Stressbewältigung

Der Mensch ist täglich einer Flut von Reizen ausgesetzt, die im letzten Kapitel bereits als Belastungen vorgestellt wurden. Alle diese Belastungen haben das Potenzial zu Beanspruchungen zu werden und damit Stress auszulösen. Diese Reize muss der Mensch zunächst erstmal in irgendeiner Form wahrnehmen. Bleiben wir beim Beispiel des Presslufthammers vor dem Bürofenster: Der Kollege Müller hat sich angewöhnt immer mit Schallschutz-Kopfhörern zu arbeiten, er nimmt den Presslufthammer also ganz einfach nicht wahr.

Belastungen, die wahrgenommen werden, durchlaufen dann zunächst eine Bewertung. Ist der Reiz irrelevant oder sogar positiv, wird er nicht als Beanspruchung wahrgenommen. Um auf das Beispiel mit dem Presslufthammer zurückzukommen: Für Frau Schmidt ist der Presslufthammer irrelevant, da sie nur ihre Sachen packt und in wenigen Minuten in ein anderes Gebäude zieht. Wird die Belastung hingegen als beeinträchtigend oder gefährlich interpretiert, führt das zu einer einstweiligen Beanspruchung, die wiederrum bewertet wird.

In der **zweiten Bewertung** geht es darum, ob die Person denkt, über ausreichend Ressourcen zu verfügen, das Problem zu lösen. Ist das der Fall, entsteht Eustress. Erst wenn die Person das Gefühl hat, die Belastung nicht mit ihren Ressourcen bewältigen zu können, entsteht negativer Stress (Dystress). Frau Hartmann hat keine Schall-Kopfhörer und zieht nicht um, das bedeutet, sie ist dem Lärm ausgeliefert. Sie hat nicht das Gefühl die Situation ändern zu können und wird gestresst.
Ihre Kollegin Frau Zimmer ist in der gleichen Situation, will aber aktiv etwas ändern. Bei ihr folgt eine aktive **Stressbewältigung**. Sie beschließt spontan den Tag Homeoffice zu machen. Auch Frau Hartmann versucht nun eine Form der Stressbewältigung, sie beschwert sich bei ihren Kollegen. So erfährt sie, dass die Bauarbeiten bald beendet sein sollen.

Nach ihren Bewältigungsversuchen **bewerten** die beiden Frauen ihre Belastungen neu. Für Frau Zimmer hat sich in der primären Bewertung etwas geändert, sie bewertet die Belastung jetzt als irrelevant. Auch Frau Hartmanns Neubewertung führt zu einem Ergebnis, für sie ändert sich die sekundäre Bewertung: Durch das Wissen, dass der Lärm nur noch eine Stunde gehen soll, arbeitet sie erstmal weniger schwierige Aufgaben ab, bei denen sie sich nicht konzentrieren muss und reduziert so weitere Belastungen. (Erläuterungen zum Stress-Prozess orientieren sich am transaktionalen Stress-Modell nach Lazarus: Lazarus, R. S. (1999). Stress and Emotion. A new Synthesis. London: Free Association Books)

2.3 Resilienz: Ressourcen und Stressbewältigung

Allgemein versteht man unter Resilienz die Widerstandsfähigkeit bei widrigen Umweltbedingungen. In der psychologischen Forschung bezog sich das Augenmerk zunächst auf die Entwicklung von Kindern aus sozial problematischen Familien. Dabei war die Entdeckung relevant, dass sich einige Kinder aus sozial schwierigen Hintergründen völlig normal entwickelten und zu produktiven Mitgliedern der Gesellschaft heranwuchsen. Man beschloss, nicht wie bisher, das Augenmerk auf die Störung zu legen, sondern zu beobachten, was Faktoren sind, die Kinder vor der Entwicklung von Störungen schützen, was diese Kinder also resilient gemacht hat. Dabei stellte man fest, dass neben einem unterstützenden Mentor, insbesondere die Interpretation der eigenen Handlungsfähigkeit relevant war. Die Kinder verfügten über eine ausgeprägte interne Kontrollüberzeugung, sie schrieben Erfolge ihrem Handel und ihren Fähigkeiten zu und nicht der Umwelt. Folgende Faktoren können darüber hinaus als Resilienz-Faktoren gelten:

- Selbstbestimmung: Das subjektive Gefühl selbst über seine Tätigkeiten bestimmen zu können sowie die aktive Verfolgung eigener Ziele und Handlungspläne.

- Selbstwirksamkeit: Die Überzeugung, auch in schwierigen Situationen handlungsfähig zu sein und diese bewältigen zu können.

- Selbstmotivierung / Selbstaktivierung: Die Fähigkeit, sich selbst in eine der Situation angepasste Stimmung zu bringen sowie Ressourcen für Handeln freizusetzen.

- Selbstberuhigung: Die Fähigkeit, sich in emotional belastenden Situationen schnell selbst beruhigen zu können oder gar nicht erst belasten zu lassen.

- Zielbezogene Aufmerksamkeit: Die Fähigkeit, seine Ziele konsequent zu verfolgen, sich nicht ablenken zu lassen aber unerreichbare Ziele auch fallen lassen zu können.

- Empathie: Die Fähigkeit, sich in andere hineinversetzen zu können und ihre Blickwinkel und Gefühle nachvollziehen zu können.

- Proaktives Coping: Die Fähigkeit zur proaktiven Bewältigung beinhaltet das aktive Auseinandersetzen mit Problemen, das Lernen aus Fehlern sowie das Aufsuchen von Herausforderungen.

- Optimismus: Die generelle Überzeugung, dass das Leben gut ist und Gutes bereithält.

- Verstehbarkeit: Das allgemeine Gefühl, Ereignisse und ihre Bedeutung zu verstehen.

- Handhabbarkeit: Die grundlegende Überzeugung mit seinen Handlungen die Umwelt und sich selbst positiv beeinflussen zu können.

- Bedeutsamkeit: Die grundlegende Überzeugung, dass das Leben einen Sinn hat und generell das eigene Handeln eine Bedeutung hat.

- Soziale Unterstützung: Die Verfügbarkeit eines sozialen Umfelds, das verlässlich und akzeptierend ist.

Allgemein sind Resilienz-Faktoren also Fähigkeiten und Eigenschaften, die uns davor beschützen entweder eine Beanspruchung als nicht bewältigbar zu interpretieren oder mit negativen Stressbewältigungsstrategien zu reagieren. Darunter fallen also sowohl Ressourcen, die die sekundäre Bewertung beeinflussen und Stress in Eustress münden lassen als auch Ressourcen, der funktionalen Stressbewältigung, die helfen den Dystress zu bewältigen.

Man kann Ressourcen in interne (personale) und externe, aus der Umwelt kommende Ressourcen unterscheiden. Interne Ressourcen lassen sich durch Kompetenzaufbau und Lernen verbessern oder neu erwerben. Das fällt bei einigen Ressourcen leichter als bei anderen. Persönliche Überzeugungen sind deutlich schwerer zu verändern als gelegentlich auftretende Verhaltensweisen. Allgemein kann man folgende personale Ressourcen finden:

- Berufliche Qualifikation: Hierunter fallen Kompetenzen, die es möglich machen die Arbeit gut zu erledigen. Daher ist es wichtig, bevor man eine neue Stelle besetzt, sich zu überlegen, über welche Qualifikationen derjenige verfügen muss. Auch inhaltliche Weiterbildungen oder Schulungen fallen darunter.

- Soziale Kompetenzen: Damit werden alle Fähigkeiten beschrieben, die den Umgang mit Menschen vereinfachen, allen voran Empathie oder soziale Intelligenz.

- Persönliche Überzeugungen & Lernerfahrungen:
  - Interne Kontrollüberzeugung: Ich beeinflusse die Dinge um mich herum. Erfolge führe ich auf meine Fähigkeiten zurück.
  - Selbstwirksamkeit: Ich bin in der Lage und verfüge über Fähigkeiten, meine Aufgaben und Ziele zu bewältigen.
  - Optimismus: Meine Umwelt und meine Zukunft werden sich positiv entwickeln.
  - Kohärenzerleben: Meine Anstrengung wird sich lohnen. Mein Leben und meine Aufgaben darin haben einen tieferen Sinn.

Externe Ressourcen kommen aus der Umwelt und können ebenso aktiv aufgebaut werden. Darunter fallen soziale Unterstützung sowie der Handlungsspielraum, der von der Umwelt gegeben ist. Für soziale Unterstützung gilt Qualität vor Quantität. Also nicht die 100 Facebook-Freunde zählen sondern die ein, zwei Kontakte mit denen man über alles reden kann (vgl. Bartholdt & Schütz, 2010).

Auch der Handlungsspielraum einer Person kann eine Ressource sein, wenn er adäquat gestaltet ist. Dafür ist sowohl der Einfluss auf die Gestaltung der Umwelt als auch der Einfluss auf die Gestaltung der Arbeitsaufgabe Resilienz fördernd. Dabei gilt: Je höher die Belastung, desto höher sollte auch der Handlungsspielraum sein. Alleine die Überzeugung, Kontrolle ausüben zu können, kann ausreichend sein, um das Stresslevel zu senken. Hier sei noch mal auf das Beispiel mit dem Presslufthammer vor dem Büro verwiesen.

Wie bereits erwähnt, sind nicht alle Stressbewältigungsstrategien als erfolgreich zu bewerten. Einige sogenannte dysfunktionale Bewältigungsstrategien verschärfen den Stress sogar, andere haben langfristige Konsequenzen für die Gesundheit. Beispielsweise ist grübeln und das ständige Durchdenken des Problems ein Teufelskreis, der das Stresserleben erhöht und sich zusätzlich negativ auf den Schlaf auswirken kann. Ebenso kann eine Problemvermeidung, also das Verdrängen des Problems, das Stresslevel in der Konsequenz erhöhen. Gesundheitsschädliches Verhalten, das der kurzfristigen Stressbewältigung dient, wie Alkohol trinken oder Zigaretten rauchen, aber auch ungünstiges Essverhalten, wurde bereits bei den Folgen von Dauerstress beschrieben.

Erfolgreiche also funktionale Stressbewältigungsstrategien kann man unterteilen in problemorientierte und emotionsorientierte Strategien. Hier wird beschrieben auf welcher Ebene das Problem bewältigt wird. Dabei sollten problemorientierte Stressbewältigungsstrategien bevorzugt werden, da sie direkt auf das Problem einwirken und die Stress-Quelle somit eliminiert werden kann. Wohingegen bei emotionsfokussierten Strategien nur auf die körperlichen Auswirkungen des Stresses eingewirkt wird. Hier geht es also um eine physiologische Regulierung der emotionalen Auswirkungen von Stress. Beispiele hierfür sind Sport, Entspannungstechniken oder Genusstrainings. Weitere Stressbewältigungsstrategien stellen wir Ihnen in Kapitel 3.2.1 vor.

2.4 Burn-out

Burn-out ist ein breites Thema und soll hier nur kurz definiert werden. Generell soll hier vor einem inflationären Gebrauch des Begriffs gewarnt werden. Wer mittelfristig unter Stress steht oder kurzzeitig erschöpft ist, hat zwar Handlungsbedarf hinsichtlich seiner Stressbewältigung, aber noch keinen Burn-out. Trotzdem sollten auch mittelfristige Stress-Zustände nicht ignoriert werden, da sie erste Schritte hin zu einem späteren Burn-out darstellen können.

Mit Burnout-Syndrom oder Burn-out wird nämlich ein Zustand psychischer und physischer Erschöpfung bezeichnet. Burnout geht mit emotionaler Erschöpfung und dem Gefühl von Überforderung, reduzierter Leistungsfähigkeit und evtl. Depersonalisation einher. Er tritt infolge einer Diskrepanz zwischen beruflicher Erwartung und Realität auf. Dabei stellt Burn-out den Endzustand eines Prozesses dar, der von idealistischer Begeisterung über Desillusionierung und Frustration zu Apathie führt.

2.5 Work-Life-Balance

Auch Work-Life-Balance ist ein Begriff, der im Zusammenhang mit Resilienz, Stressbewältigung und Burn-out oft verwendet wird. Hierunter wird eine gesunde Balance zwischen Arbeit und Freizeit verstanden. Gleichzeitig impliziert der Begriff Work-Life-Balance jedoch eine Abgrenzung von Arbeiten und Leben. Dabei ist unter Leben hier das Privatleben zu verstehen. In unserer heutigen Zeit sind die Grenzen zwischen Arbeit und Privatleben jedoch fließend. In Zukunft werden gesellschaftliche Entwicklungen dahin gehen, dass eine Abgrenzung möglicherweise gar nicht mehr möglich ist. Immer mehr Menschen machen beispielsweise ihr Hobby zum Beruf, nutzen die Möglichkeiten des Homeoffice sowie die Option private Geräte (wie Handy, Laptop, etc.) auch für den Beruf zu nutzen. Wichtig ist, dass man das, was eigentlich hinter dem Begriff steckt, nämlich sich aktiv Zeit für sich selbst zu nehmen, dabei nicht aus den Augen verliert.

In Abgrenzung zu Stressbewältigung und Resilienz stellt eine ausgewogene Work-Life-Balance eine mögliche Strategie dar, Resilienz zu stärken und Stressbewältigungsstrategien auszubauen.

2.6 Weiterführende Literatur /Literaturangaben

→ Für allgemeines Wissen zu Stress am Arbeitsplatz sowie weitere Stress-Modelle: Bartholdt, L. & Schütz, A. (2010). Stress im Arbeitskontext. Ursachen, Bewältigung und Prävention. Beltz: Weinheim.

→ Eine Burn-out-Definition sowie interessante Übungen zur Resilienzförderung finden sich bei: Bergner, T. (2007). Burnout-Prävention. Das 9-Stufen-Programm zur Selbsthilfe. Stuttgart: Schattauer.

3. Handlungsoptionen: Dem Stress im Alltag resilient begegnen

Natürlich ist die wichtigste Frage, wie kann ich mich oder meine Arbeitnehmer vor Überlastungen schützen. Wie werde ich oder wie werden meine Arbeitnehmer resilienter? Zunächst geben wir hier einige persönliche Handlungsmöglichkeiten, die für Ihre persönliche Resilienz sorgen können. Das zweite Kapitel widmet sich dann der Unternehmensperspektive und wie Führungskräfte ihren Mitarbeitern bei der Stressbewältigung helfen können.

3.1 Persönliche Handlungsmöglichkeiten

Auch bei Stressbewältigungsstrategien und dem Ausbau von Resilienz gilt: Nicht jeder kann mit jeder Methode etwas anfangen. Suchen Sie sich einfach etwas heraus, was zu Ihnen passt. Dabei lohnt es sich auch Naheliegendes zu betrachten. Probieren Sie doch vielleicht einfach mal verschiedene Entspannungstechniken aus (Krankenkassen bieten hierzu oft Audiomaterial an). Warum versuchen Sie nicht mal Yoga oder eine andere Sportart, die Sie möglicherweise entspannen lässt? Sport und Bewegung bauen Stresshormone ab. Wenn Sie nichts mit Sport anfangen können, reicht hier oft auch schon regelmäßiges Spazierengehen, um Stresshormone abzubauen. Andere Menschen finden kochen, musizieren oder malen sehr entspannend. Wieder andere gehen regelmäßig in den Abend-Gottesdienst. In jedem Fall gilt, probieren Sie in einer relativ stressfreien Phase verschiedenen Dinge aus, damit diese in den stressigen Phasen bereits in Ihren Alltag integriert sind und nicht zusätzlichen Stress verursachen. Oftmals verfügen wir bereits über Ressourcen, die uns bei der Stressbewältigung helfen. Sich hier zurückzunehmen und zu reflektieren ist auch eine Möglichkeit mit dem Stress umzugehen. Dafür helfen Ihnen die 5 Strategien zur Gelassenheit, die im nächsten Kapiteln vorgestellt werden.

3.1.1 Gelassenheit

Im Folgenden wird eine Strategie zur Erlangung von Gelassenheit dargestellt, wie man Schritt für Schritt zu mehr Gelassenheit gelangen kann. Gelassenheit kann dabei in fünf Schritten erreicht werden. Wobei die Schritte nicht gezwungenermaßen aufeinander folgen müssen.

Abstand gewinnen

- Gelassenheit geht oft durch hohe Selbstbetroffenheit verloren. Nur wer es schafft, zu Ereignissen und zu Situationen eine gesunde Distanz aufzubauen, kann die Gelassenheit bewahren. Abstand gewinnt man durch:

- Den Ort oder die Situation kurzfristig verlassen. Die stille Treppe der Supernanny beruht beispielsweise auch auf dem Prinzip, Stressoren für das Kind auszuschalten, indem es aus der Situation und dem Raum genommen wird.

- Räumlich und mental ein paar Schritte vom Stressor entfernen. Mentale Entfernung vom Problem kann z.B. durch kurzfristige Ablenkung oder bewusstes Abschalten entstehen. Beispielsweise kann man sich kurz einen Cartoon ansehen, um sich abzulenken.

- Tief ein- und ausatmen kann als Selbstberuhigungsstrategie dienen, wenn man aktuell nicht aus der Situation gehen kann. Auch von zehn rückwärts zählen und dabei ruhig atmen bevor man antwortet kann in der Situation direkt helfen.

- Versuchen, die Punkte aus der „Vogelperspektive" zu betrachten – innere Distanz erzeugen. Dafür kann man die Ereignisse in einen größeren Zusammenhang stellen oder sich durch ein sehr übertriebenes Worst-Case-Szenario die Relativität der Dinge bewusst machen.

Überblick schaffen

Überblick erzeugt Ruhe, Sicherheit und sorgt für einen bewussten Perspektivenwechsel. Dabei hilft der Überblick sich selbst neu auszurichten und zu positionieren.

Überblick kann ich schaffen durch:

- Weitblick: Zunächst kann es hilfreich sein, die Ereignisse in ihren Kontext einzuordnen, um sich dann deren Konsequenzen für die Zukunft bewusst zu machen. Hier gilt, denken Sie die Geschichte zu Ende und bleiben nicht bei einem „dann kann ich aber nicht"- Ende stehen. Sondern fragen Sie sich, was stattdessen sein wird.

- Erfolge vor Augen führen: Machen Sie sich bewusst, wie Sie es in der Vergangenheit geschafft haben, mit ähnlichen Problemen fertig zu werden.

- Gefühle notieren: Ähnlich wie beim Tagebuch-Führen kann es helfen sich seiner Gefühle bewusst zu stellen, diese zu notieren und zu erörtern, was diese emotionale Reaktion tatsächlich ausgelöst hat.

Eigene Interpretationen prüfen

Zu oft haben wir vorgefertigte Meinungen oder denken uns selbst in eine Krisensituation. Unausweichlich kommt es dann wie es kommen muss – die sich selbst erfüllende Prophezeiung setzt ein. Unser Verhalten ändert sich so sehr, dass der angebliche Misserfolg oder die ungewollte Auseinandersetzung jetzt erst recht eintritt. Entscheidend ist dabei die eigene Interpretation des wahrgenommenen Verhaltens von anderen zu überprüfen, denn die Wirkung von anderen Menschen hängt sehr stark davon ab, wie wir deren Verhalten interpretieren und gar nicht vom Verhalten selbst. Hilfreich dabei kann sein:

- Sich selbst offene Fragen zu stellen: Das hilft die eigenen Deutungen besser zu erkennen und zu verstehen – die Antworten sind dann auch kreativer.

- Schreiben Sie die Antworten auf die Fragen auch nieder:
  Die eigenen Überzeugungen sind oft irreführend. Daher hilft das Niederschreiben dieser Überzeugung beim kritischen Hinterfragen – „kannst Du das wirklich wissen, dass das so stimmt?"

Erwartungen an sich selbst senken

Wenn meine Erwartungen an mich zu hoch gesteckt sind, dann laufe ich Gefahr ständig unzufrieden zu sein. „Weniger ist mehr" – gerade wenn es um die Selbsterwartungen geht. Man erwartet etwas von sich selbst, hat aber gar keinen Zugang zu sich selbst, weil der Druck und die Angst vor Enttäuschung zu groß sind. Erwartungen können gesenkt werden durch:

- Bewusste Reduktion / Abschwächen von Wünschen: Hier wird wieder das Thema realistische Zielsetzung relevant. Wer seine Ziele stets zu hoch steckt, wird frustriert, da er sie nie erreicht.

- Nicht mehr allem und jedem gerecht werden zu wollen: Neben dem Überprüfen der Erwartungen anderer an einen selbst, kann es auch helfen, sich von der Einstellung zu befreien, es jedem recht machen zu wollen. Einen ersten Schritt zur Änderung der Einstellung kann sein, zu hinterfragen, wo dieses Verhalten herkommt und was man sich davon verspricht.

- Sich selbst gehen lassen können: Man muss gelegentlich auch nett zu sich selbst sein und sich selbst verzeihen können.

- „Nein"-Sagen können zu sich selbst: Dabei hilft, zu reflektieren, inwiefern das jetzt wirklich hilfreich für sich selbst und seine Ziele ist.

- Scheitern lernen: Begeben Sie sich bewusst in Situationen, von denen Sie wissen, dass Sie sie nicht bewältigen können. Hierbei lernen Sie, dass scheitern nichts schlimmes ist und sie mit einem Lachen und Achselzucken wieder aufstehen können und es noch mal probieren. Im Improvisationstheater gibt es zum Beispiel Übungen, die so konzeptioniert sind, dass man erstmal scheitern muss, damit der Schauspieler aus dieser Erfahrung lernt einfach weiter zu machen.

Mentale Stärke ausbauen

Mentale Stärke zu besitzen heißt vor allem mit Kritik und Kritikern gelassen umzugehen. Dabei ist aber gerade die Kritik der größte „Gelassenheits-Killer". Darum sorgt der richtige Umgang mit Kritik für mehr Gelassenheit. Dieser kann verbessert werden durch:

- Häufige Perspektivenwechsel – die erlebten Situationen aus einer anderen Perspektive bewerten / beurteilen und in Frage stellen: Was hat die Person bewegt Kritik an mir zu äußern? Was sind Aspekte daran, die mich vielleicht selbst an mir stören? Hat sie die Kritik nicht gut formuliert, so dass ich Probleme habe, damit umzugehen? → nachfragen.

- Ruhig bleiben, auch wenn es manchmal schwer fällt – zuerst nachdenken und nicht sofort dem Impuls der Reaktion nachgeben: Gerade bei ungeschickt formulierter Kritik oder Themen, die man selbst an sich nervig findet, tendiert man zu Emotionalität. Durch kurzes Durchatmen und einen Perspektivenwechsel kann

3.1.2 Weitere Optionen: Schlafhygiene und Unterstützung

Exkurs: Schlafhygiene

Schlafhygiene beschreibt bestimmte Lebensgewohnheiten und Verhaltensweisen, die förderlich für einen erholsamen und gesunden Schlaf sind und Schlafstörungen vermeiden sollen. Was gilt als förderlich:

- Regelmäßige Aufsteh- und Zubettgeh-Zeiten
- Beschränkung der Bettliegezeit auf 8 Stunden
- Verzichten auf länger Nickerchen tagsüber
- 2 Stunden vor dem Zubettgehen keinen Alkohol mehr
- Keine direkte körperliche Anstrengung vor dem Schlafen (Überprüfen)
- Puffer zwischen Alltag und Zubettgehen schaffen
- Ein regelmäßiges Zubettgeh-Ritual
- Vermeidung aktivierender Tätigkeiten im Bett, das Bett soll mit Ruhe assoziiert sein
- Aufstehen, wenn zu lange gegrübelt wird
- Keine Snacks in der Schlafphase
- Kein helles Licht, wenn Sie nachts wach werden und aufstehen müssen
- Nachts nicht auf die Uhr sehen
- Schaffung einer angenehmen, schlaffördernden Atmosphäre (inklusive ausschalten von Lärmquellen, etc.)

Sollten Sie merken, dass Sie unter starkem Stress stehen oder eine eigenständige Bearbeitung Ihrer Belastungen und Beanspruchungen Ihnen schwer fällt, scheuen Sie nicht sich Hilfe zu holen. Dies muss nicht zwingend direkt professionelle Hilfe sein, auch andere Formen sozialer Unterstützung können zunächst hilfreich sein, an den eigenen Zielen zu arbeiten und konsequent am Ball zu bleiben.

Es gibt eine große Anzahl an Büchern zum Thema Gelassenheit und Stressbewältigung. Hier zu wählen, was gut und passend ist, kann mitunter schwer fallen. Daher haben wir hier für Sie zwei Literaturempfehlungen, die Ihnen die vertiefte Arbeit erleichtert:

- Hier sind einige gute Übungen beinhaltet, die der Resilienzförderungen dienen. Lassen Sie sich nicht vom Begriff abschrecken: Bergner, T. (2007). Burnout-Prävention. Das 9-Stufen-Programm zur Selbsthilfe. Schattauer: Stuttgart.

- Kaluza ist quasi der Stressbewältigungs-Guru. Daher hier zwei Quellen, die jeweils ein gutes Training (inkl. aller Übungen) beschreiben. Das erste Buch ist etwas länger und ausführlicher als das zweite: (1) Kaluza, Gerd. (2015). Stressbewältigung: Trainingsmanual zur psychologischen Gesundheitsförderung. Springer: Berlin. (2) Kaluza, Gerd (2012). Gelassen und sicher im Stress. Das Stresskompetenz-Buch – Stress erkennen, verstehen, bewältigen. (4. Aufl.). Berlin: Springer.

3.2 Handlungsoptionen in Unternehmen – resiliente Führung

3.2.1 Resilienzorientiertes Verhalten und Führen als Organisationsstrategie

Um die Brisanz des Themas für Unternehmen zu verdeutlichen und mögliche Ansatzpunkte für Interventionen zu finden haben wir, die K.O.M. GmbH, eine Studie zum Thema durchgeführt. Die Ergebnisse stellen wir Ihnen hier kurz zusammengefasst dar. Sollten Sie Interesse an der gesamten Studie haben, wenden Sie sich gerne an uns.

Die Teilnehmer(innen) der Studie setzen sich aus unterschiedlichen Unternehmensbereichen zusammen. Die befragten Unternehmen sind hauptsächlich kleine und mittlere Unternehmen (KMU-Anteil: 98%). An der Umfrage nahmen Vertreter der Generationen Y (46%), der Generation X (19%) und der Baby-Boomer-Generation (35%) teil. In der Befragung wurde zwischen Personen mit und ohne Führungsverantwortung unterschieden, wobei 71% Führungsverantwortung trugen und 29% keine.

Beide Gruppen, also Personen mit und Personen ohne Führungsverantwortung schätzen ihre Arbeitsbelastung in Bezug auf die psychischen Arbeitsanforderungen höher ein als in Bezug auf die körperlichen. Die psychischen Leistungsreserven der Beschäftigten mit Führungsposition werden dabei höher als bei den Beschäftigten ohne diese Verantwortung eingeschätzt. Beide Gruppen geben an, Schwierigkeiten zu haben, sich am Feierabend von Angelegenheiten ihrer Arbeit zu trennen. Die Teilnehmer(innen) mit Führungsposition schätzen ihre gesamte derzeitige Arbeitsfähigkeit als hoch ein. Bei Befragten ohne Führungsposition liegt diese Einschätzung im durchschnittlichen Bereich. In qualitativen Befragungen äußern sich die Befragten kritisch bzgl. der Maßnahmen, die ihr Unternehmen für psychische Belastungen anbietet: „Der Fokus [der Präventionsmaßnahmen] wird immer noch auf die physische Gesundheit gelegt. Rückenschule, Massageangebote, Kooperation mit Fitnessstudio." Hier ergibt sich eine Diskrepanz zwischen erlebten Belastungen und Maßnahmen auf Unternehmensseite. Psychische Belastungen werden also zu wenig in den Unternehmen beachtet.

Die Personen wurden ebenso zu selbstregulatorischen Fähigkeiten befragt. Selbstbestimmung beinhaltet die Fähigkeit hinter Zielen stehen zu können und sie zu verfolgen. Diese ist unter Führungskräften stärker ausgeprägt. Selbstwirksamkeit bezieht sich auf die Überzeugung einer Person, aufgrund eigener Kompetenzen eine bestimmte Situation erfolgreich zu meistern. Diese ist ebenso unter Beschäftigten mit Führungsposition weiterentwickelt als bei den Beschäftigten ohne Führungsverantwortung. Ebenso fällt es Beschäftigten ohne Führungsposition schwerer, sich in ungünstigen Situationen zu konzentrieren und ihre Ziele konsequent zu verfolgen. Befragte beider Gruppen fühlen sich zum größten Teil in der Lage, sich aus eigenem Antrieb zu motivieren, eine Aufgabe durchzuführen. Daraus ergibt sich, dass gerade bei den Befragten ohne Führungsverantwortung die Fähigkeit zur Selbstregulation verbessert werden sollte. Denn sie kann zu einem besseren Umgang mit Druck und hoher Beanspruchung beitragen. Diese Fähigkeit hilft den Mitarbeitern auch in stressigen Situationen nicht den Überblick zu verlieren und eigene Ziele weiter zu verfolgen. Eine verstärkte Selbstregulation spielt eine zentrale Rolle bei der Entwicklung der Widerstandsfähigkeit bzw. des Resilienz-Levels der Mitarbeiter(innen) in den Unternehmen.

Aus Interviews zu persönlichen Fähigkeiten ergibt sich: wenn Mitarbeiter(innen) verstehen, ob und was sie in einer bestimmten Situation falsch gemacht haben, dann können sie gut mit Misserfolgen umgehen und weisen eine hohe Frustrationstoleranz auf. In der Regel gibt es keinen ausreichenden Zeitraum für eine Reflexion der Problemsituation. Dies kann zu Stresszuständen bei den Mitarbeitern führen. Teilnehmer(innen) geben an, sich „demotiviert", „geärgert" und „lustlos" zu fühlen, nachdem sie eine Niederlage erlebt haben. Der aktive Umgang mit Niederlagen und sich dafür Zeit nehmen zu können, ist eine Quelle für mehr Widerstandskraft. Kritik zu üben und anzunehmen ist eine Fähigkeit, die einen direkten Einfluss auf die Zusammenarbeit hat. Kritisiert zu werden stellt für beide Personengruppen nach eigenen Angaben kein großes Problem dar. Die Teilnehmer(innen) fühlen sich unwohler, wenn sie die Rolle des Kritikers übernehmen müssen. Die zunehmenden Veränderungen (Digitalisierung) in der Arbeitswelt verlangen aber eine Erweiterung der Frustrationstoleranz der Mitarbeiter(innen), die unabhängig von externen Situationen konstant bleiben sollte. Andernfalls können Beschäftigte bei Enttäuschungen und weiteren berufsalltäglichen Problemen resignieren, entmutigt werden oder unangemessen reagieren – mit Wut oder sogar Gewalt. Die Kritikfähigkeit muss ebenso sowohl von Führungskräften als auch von Basismitarbeitern(innen) gefördert werden. Ein richtiger Umgang mit Kritik kann Konflikte vermeiden und zur persönlichen und daraus folgend organisationalen Weiterentwicklung beitragen. Anforderungen steigen, daher muss der Umgang mit Enttäuschung und Druck verbessert werden.

Da die Führungskraft einen wesentlichen Beitrag zu Belastungsfähigkeit und Resilienz ihrer Mitarbeiter hat, wurde auch der Führungsstil in die Befragung einbezogen. Beschäftigte ohne Führungsposition fühlen sich von ihren Vorgesetzten wenig unterstützt und wertgeschätzt. Das Vertrauen in die Fähigkeiten sowie die Wahrnehmung der Vorgesetzten als eigenes Vorbild ist gering. Individuelle Bedürfnisse der Arbeitskräfte zu erkennen und dementsprechend zu handeln, ist aus Sicht der Befragten eine wenig ausgeprägte Fähigkeit von Vorgesetzten. In der Befragung zeigte sich, dass in Unternehmen, in welchen der Kommunikationsgrad generell als gut eingeschätzt wurde, die Mitarbeiter(innen)…

- …mehr Engagement zeigen.
- …eine höhere Leistungsbereitschaft haben.
- …höhere Akzeptanz von Veränderungsprozessen aufweisen.

Allerdings schätzen nur 12% der Befragten den Kommunikationsgrad ihrer Einrichtung als gut ein. Dabei stellen Führungskräfte und ihre Kommunikation eine Schlüsselrolle dar. Ihre Funktion beschränkt sich nicht nur auf die Thematisierung eines gesundheitsgerechten Verhaltens, sondern vielmehr auf das eigene Verhalten als Vorbild.

Wertschätzung, Erkenntnis und Berücksichtigung der unterschiedlichen Bedürfnisse der Mitarbeiter(innen) und eine angemessene interne Kommunikation können Belastungen am Arbeitsplatz und daraus resultierenden Fehlzeiten entgegenwirken. Solche Aspekte führen zur Erzielung von Engagement, Leistungsbereitschaft sowie der mitarbeiterseitigen Unterstützung von Veränderungsprozessen.

Als letzter relevanter Faktor stand die Unternehmenskultur im Fokus der Befragung. Eine Fehlerlernkultur ist für die Teilnehmer(innen) nur zum Teil in ihren Unternehmen zu finden. Die Art und Weise des Umgangs mit Konflikten in Unternehmen beider Gruppen wird negativ bewertet. Beschäftigte mit Führungsposition weisen höhere Werte auf im Vergleich zu Basismitarbeitern(innen). Am wichtigsten zur besseren Erfüllung ihrer Aufgaben empfinden Mitarbeiter das Wohlfühlen am Arbeitsplatz, das Vorhandensein konkreter Ziele, gute Teamarbeit sowie Wertschätzung von Vorgesetzten. Das Konkurrenzverhalten innerhalb des Teams schätzen die befragten Mitarbeiter(innen) als niedrig ein. Darüber hinaus sind die meisten der befragten Mitarbeiter(innen) der Meinung, dass sie Fehler nicht offen ansprechen können. Eine positive Fehlerkultur ist in den Unternehmen nicht zu finden. Die Unternehmen verpassen so die Chance aus Fehlern zu lernen. Gemeinsame Ziele und eine gute Kommunikationskultur stellen also die Grundlage dafür, eine positive Stimmungslage im Unternehmen zu schaffen. Die Mitarbeiter(innen) präferieren ein System, in welchem sie ihre Ideen einbringen und Veränderungsprozesse mitgestalten können. Dabei spielt eine positive Fehlerlernkultur eine zentrale Rolle, da die partizipative Sicherheit aller Mitarbeiterebenen unterstützt wird und Bevormundungen vermieden werden. Ausgangspunkt hierfür ist ein systematisches und konsequentes Stimmungsmanagement in der Organisation.

Insgesamt zeigt sich also, dass das Resilienz-Level von Basismitarbeitern(innen) hinsichtlich unterschiedlicher Aspekte (Selbstregulation, Frustrationstoleranz, Kritikfähigkeit) nur zum Teil ausgeprägt ist. Dahingegen verfügen Führungskräfte über ein stärker ausgeprägtes Resilienz-Bild und fühlen sich in der Lage, viele Herausforderungen zu bewältigen. Dennoch können Konflikte und frustrierende Situationen von beiden Gruppen nicht effektiv behandelt werden, was auf längere Sicht einen Einfluss auf ihre empfundene Beanspruchungen und Erschöpfung hat. Eine intensivere Unterstützung seitens der Führungskräfte wird nicht nur erwünscht, sondern auch benötigt. Denn Führungskräfte haben sowohl einen positiven als auch einen negativen Einfluss auf die Motivation, das Engagement und die Leitung ihrer Teams. Ihre Vorbildfunktion, sowie die gezeigte Wertschätzung und Unterstützung erhöhen das Wohlfühlen am Arbeitsplatz und wirken Fluktuationen entgegen. Die Background Personality einer Organisation steht in direktem Zusammenhang mit der Resilienz-Fähigkeit von Basismitarbeitern(innen) und Führungskräften. Aspekte, wie eine effiziente Kommunikation, eine offene Fehlerlernkultur und ein positiver Umgang mit Fehlern, können zur Förderung resilienter Arbeitskräfte beitragen.

3.2.2 Belastungen erkennen und reduzieren

Als verantwortungsbewusste Führungskraft lohnt es sich die Belastungen seiner Mitarbeiter zu kennen und nach Möglichkeiten zu suchen, diese zu reduzieren. Dabei gilt es natürlich wie eingangs erwähnt zu berücksichtigen, dass Belastungen bei jedem Mitarbeiter zu unterschiedlichen Beanspruchungen führen. Daher ist stets der individuelle Kontakt und regelmäßiger Austausch mit den Mitarbeitern notwendig, um das Beanspruchungs-Niveau einschätzen zu können. Es gibt aber auch Belastungen, die bei vielen Menschen zu Stressreaktionen und Bewältigungsversuchen führen. Diese lohnt es als Führungskraft zu kennen, um entsprechend auf sie einwirken oder sie abmildern zu können. In diesem Kapitel werden also die Umweltbedingungen beschrieben, die mit erhöhter Wahrscheinlichkeit Stress / Stressempfinden auslösen.

Zunächst lassen sich belastende Umweltfaktoren in privat und beruflich unterteilen. Da Sie als Führungskraft primär Einfluss auf berufsbezogene Themen haben, soll hier nochmal zwischen Belastungen der physischen Arbeitsumgebung, der Arbeitsaufgabe und -organisation, sozialen Stressoren sowie belastenden organisationalen Bedingungen unterschieden werden.

Stressoren in der physischen Arbeitsumgebung

Hier werden Stressoren beschrieben, die körperlich auf den Mitarbeiter einwirken können. Belastende Faktoren sind Bedingungen der Umgebung, also Lärm, Hitze, Lichtverhältnisse, usw. aber auch einseitige Körperhaltungen wie gebücktes Arbeiten oder ständiges Sitzen. Ebenso zählen hierzu die Arbeit mit giftigen Stoffen oder ungünstige technische Einrichtungen und Werkstoffe.

Belastungen durch Arbeitsaufgabe und –organisation

Hierunter werden Belastungen verstanden, die die Aufgabe an sich oder deren Organisation betreffen.

Belastungen der Arbeitsaufgabe können sein:

- Qualitative und quantitative Über- oder Unterforderung: darunter fallen Monotonie = qualitative Unterforderung, zu wenige Arbeitsaufgaben = quantitative Unterforderung, zu wenige Kompetenzen für die Arbeitsaufgabe = qualitative Überforderung sowie zu viele Aufgaben für die zur Verfügung stehende Zeit = quantitative Überforderung.

- Zu wenig Handlungsspielraum: Gerade um Herausforderungen bewältigen zu können, benötigen Menschen Handlungsspielraum. In Versuchen zeigte sich, dass selbst der Glaube daran eine Situation ändern zu können, das Erleben eines Reizes als stressig zu empfinden mindert, ohne dass tatsächlich auf den Reiz eingewirkt wird.

- Große Intensität: Hohe Konzentrationsnotwendigkeiten oder geforderte Daueraufmerksamkeit ermüden schnell.

Belastungen der Arbeitsorganisation können sein:

- Probleme im Arbeitsablauf: das können z. B. fehlendes Material, unvollständige Informationen, mangelhafte Werkzeuge, häufige Arbeitsunterbrechungen und Störungen sein.

- Zeitdruck und Überstunden: Darunter fällt auch die mangelnde Planbarkeit aufgrund flexibler Arbeitszeiten. Dadurch fallen Ressourcen und Zeit für den Ausgleich weg.

- Rollenstress: Zum einen können die Rollenanforderungen nicht eindeutig sein oder sich sogar widersprechen, zum anderen können zwischen Rollen Konflikte entstehen. Beispielsweise, wenn der Mitarbeiter gleichzeitig Projektleitungsfunktionen hat, die nicht mit seiner Sachbearbeiter Rolle vereinbar sind.

- Problematisches Führungsverhalten des Vorgesetzten: Das sind beispielsweise unklare oder widersprüchliche Anweisungen, unmögliche Zielvorgaben oder „nicht-Führung".

Soziale Stressoren

Hierunter fallen alle Formen sozialer Konflikte bis hin zu Mobbing, aber auch folgende Herausforderungen:

- Hohe soziale Abhängigkeit (Kooperationszwänge): Der Mitarbeiter kann seine Arbeit nicht ohne mehrere Kollegen fertigstellen. Zur Illustration soll hier ein kleiner Witz dienen:

Peter beobachtet zwei Männer, der eine gräbt ständig Löcher, der andere schüttet sie wieder zu. Nach einer Weile fragt er sie, was sie da machen. Der eine Mann antwortet: Wir pflanzen Bäume. Peter fragt verwirrt: Aber dazu müssen Sie doch Bäume in die Löcher setzen. Als Antwort bekommt er: Das macht sonst Hans, aber der ist heute krank.

- Emotionsarbeit: Personen, die in ihrer Arbeit mit Menschen in Kontakt kommen, die besonderer Emotionsarbeit bedürfen, sind bspw. Pflegepersonal, Board-Personal in Flugzeugen, Ärzte und Therapeuten. Sie müssen bei ihrer Arbeit ihre eigenen Emotionen zu Gunsten helfender Emotionen unterdrücken, das kann Stress auslösen.

- Umgang mit schwierigen Kundinnen, Klientinnen und Patientinnen

- Soziale Dichte oder Isolation: Sowohl zu viele Menschen an einem Ort, wie in Großraumbüros ohne Sichtschutz als auch zu wenige Menschen in der Umgebung, alleine in einem Stockwerk, können Stress auslösen

Belastende organisationale Bedingungen

Auch in Organisationen lassen sich Stressoren identifizieren, die oft für ganze Menschengruppen relevant sind:

- Gratifikationskrisen: Wenn Anstrengung und Einsatz für die Arbeit von der Organisation nicht ausreichend gewürdigt werden, kann Krankheitspotential entstehen.

- Erlebte organisationale Ungerechtigkeit: Eine intransparente Beförderungspolitik kann zu erlebter organisationaler Ungerechtigkeit führen.

- Problematische Informationspolitik: Gerade bei Umstrukturierung und Unsicherheiten, was die Zukunft betrifft kann eine geradlinige und transparente Informationspolitik viel Stress von den Mitarbeitern nehmen.

- Konflikt zwischen Arbeit und Privatleben: Gerade durch Überstunden oder flexible Arbeitszeiten entstehen Konflikte, die nicht nur in der Arbeit zu Stress führen können.

Private Belastungen

Auch private Schwierigkeiten können sich auf den Beruf ausüben, wenn sie als nicht zu bewältigen scheinen. Das können sein:

- Schwierige Phasen der Kinder: Trotzphase oder Pubertät treiben manche Eltern an ihre Grenzen. Hier ist es wichtig externe Unterstützung zu suchen, wenn die Probleme überhand nehmen (Bsp. Erziehungsberatungsstellen)

- Krankheit / Tod naher Angehöriger: Neben der zusätzlichen Arbeit, die hier durch Organisation der Angelegenheiten des Angehörigen zu regeln sind, steht auch eine entsprechende Trauerarbeit an, um die Krankheit / den Tod zu bewältigen.

- Pflegebedürftige Eltern / Schwiegereltern: Hier entsteht neben der zusätzlichen Arbeit, zusätzliches Konfliktpotential im Haushalt.

- Scheidung / Trennung vom Partner: Auch hier wird neben den zusätzlichen Aufgaben, die es zu erledigen gibt, wie einen eigenen Haushalt etablieren, die emotionale Bewältigung der Trennung relevant.

- Private Verschuldung: Wenn Sorgen darum bestehen, wie die Miete oder das Essen bezahlbar wird, sinkt die Konzentrationsfähigkeit automatisch.

Die separate Auflistung soll aber nicht den Eindruck erwecken, dass diese in der Praxis unabhängig voneinander zu betrachten sind. So können beispielsweise Zeitdruck und eine nicht eindeutige Aufgabenstellung, das Beanspruchungslevel einer Person erhöhen, was sich in Gereiztheit gegenüber Kollegen äußert. Dies kann wiederum zu sozialen Konflikten führen. Auch können sich private Probleme, die das Beanspruchungslevel erhöhen, auf die Konzentrationsfähigkeit im Beruf auswirken und damit beispielsweise zu erhöhtem Zeitdruck führen. Insofern muss im Einzelfall immer das Zusammenspiel der jeweiligen Stressoren betrachtet werden.

Unternehmen sind dazu verpflichtet, eine Bestandsaufnahme psychischer Belastungen zu machen. Dabei werden ähnliche Aspekte analysiert, wie sie oben beschrieben werden. Die Möglichkeiten, die Unternehmensleitungen zur Analyse haben sind Mitarbeiterbefragungen, Arbeitsplatzanalysen von Experten oder einen moderierten Workshop mit Schlüsselpersonen. Einen interessanten Erklärfilm finden Sie hier: www.gda-psyche.de. Jedoch kann nach einer Bestandaufnahme der psychischen Belastungen und dem Entwickeln entsprechender Maßnahme nicht Schluss sein. Hier ist Nachhaltigkeit angezeigt, das bedeutet Maßnahmen müssen nach einer bestimmten Zeit hinsichtlich ihrer Wirksamkeit evaluiert werden. Sollten sie nicht wirksam sein, müssen neue Maßnahmen entwickelt werden. Damit ist die Verpflichtung des Arbeitgebers die psychische Gesundheit des Arbeitnehmers.

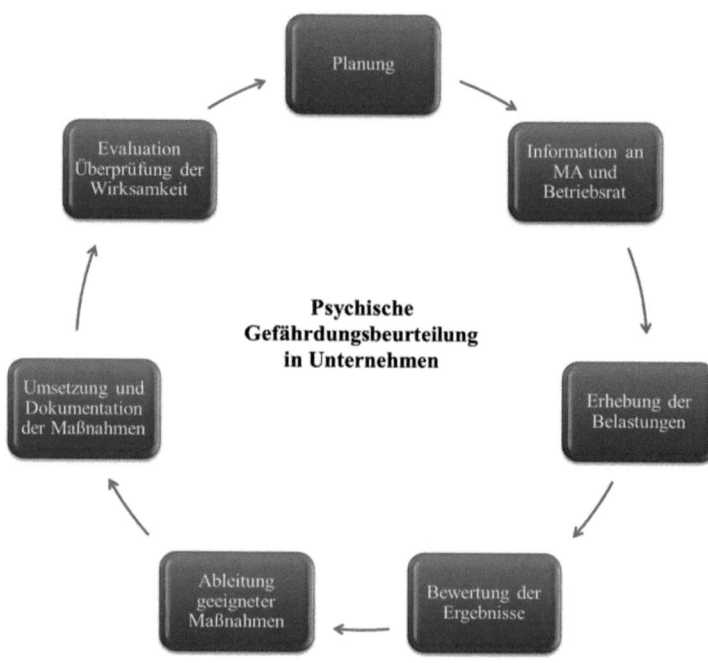

Abb. 1: Psychische Gefährdungsbeurteilung in Unternehmen; Quelle, K.O.M. GmbH.

Wollen Sie mehr über das Thema „Resilienz und Resilienzmanagement" erfahren?

Dann stehen wir Ihnen gerne mit unseren Erfahrungen zur Verfügung.

Detaillierte Informationen können Sie anfordern bei:

K.O.M. Kommunikations- und Managementberatungs GmbH
Höhrenbergstraße 1
78476 Allensbach
Telefon: +49(0)7533 / 93 59 00
Telefax: +49(0)7533 / 93 59 29
E-Mail: info@kom-neun.de

Hinweis: Die Texte dieses Buches sind urheberrechtlich geschützt. Jeder Nachdruck oder teilweise Auszug bedarf der schriftlichen Genehmigung durch die K.O.M. GmbH..

Publikationen und Informationen

Die NEUNsight® ist das deutschlandweit das einzige Online-Fachmagazin für Wirtschaft, Psychologie und Politik.
Viel Freude beim Lesen der Artikel unter www.neunsight.de

Speednovation®
Innovationen meistern Krisen

58 Seiten, zahlreiche Abbildungen.
€ 12,95 [D] / € 12,95 [A]
ISBN: 978-3-9814133-0-4
Wortflamme Verlag Allensbach
Dezember 2010

Wollen auch Sie und Ihr Unternehmen innovativ an der Spitze Ihrer Branche stehen? Und neue Märkte erobern, in denen wenig Wettbewerb herrscht? Dann sollten Sie Ihr Innovationsmanagement strategisch ausrichten und mit Ihrer Unternehmensstrategie sinnvoll verbinden.
Der Grund für diese Empfehlung des Innovations-Experten Winfried Neun ist einfach: Nur den wenigsten Unternehmen gelingt es, echte Neuerungen erfolgreich und strategisch geplant zu implementieren. Dramatische Flopraten von über 90 Prozent aller Innovationsprojekte zeugen von dieser mangelnden Innovationsfähigkeit.
Wie Sie es besser machen und mit Innovationen sogar Krisen meistern zeigt Ihnen der Allensbacher Verhaltensökonom in seiner kompakten Publikation. Ein Muss für alle, die Innovationsmanagement professionell betreiben wollen.

Direkt zur Buchbestellung gelangen Sie per E-Mail an info@wortflamme.de oder unter diesem QR-Code:

„Warum es uns so schwerfällt, das Richtige zu tun"
Die Psychologie des Entscheidens, Loslassens und Veränderns

ca. 240 Seiten, Hardcover gebunden
€ 24,99
978-3-96051-940-9 (Paperback)
978-3-96051-941-6 (Hardcover)
978-3-96051-942-3 (e-Book)

tao.de in J. Kamphausen Mediengruppe GmbH, Bielefeld
2017

Der psychologische Grund für dieses scheinbar „unlogische" Verhalten ist eigentlich ganz einfach: Wir werden nicht von Wahrnehmung, Erfahrungen und Erlerntem gesteuert, sondern davon, welche Eigenschaften uns dominieren. Also: Sind wir kreativ, enthusiastisch, perfektionistisch, ... ? Genau diese Eigenschaften beeinflussen unser Verhalten, die Art und Weise wie wir die Faktenlage bewerten und Entscheidungen treffen.

Im Klartext: Unser ach so freier Wille ist viel weniger frei als wir uns selbst zugestehen möchten. Wir glauben Studien, die das Papier nicht wert sind, auf das sie gedruckt sind. Wir folgen wie Lemminge (selbst ernannten) Experten, Managern, Politikern und konsumieren kritiklos die Meinungsmache der Medien.

Der Verhaltensökonom und Innovationsexperte Winfried Neun illustriert amüsant, in welcher Wechselwirkung Verhalten und Umwelt zueinander stehen. In einer inspirierenden Reise durch unsere Evolution, unsere Emotionen und unser Gehirn werden Sie erkennen, warum wir so anfällig und unzulänglich sind. Und: Sie erfahren, was Sie dagegen tun können.

Direkt zur Buchbestellung: www.tao.de

„Nach dem Crash ist vor dem Crash"
Praktische Tipps, um aus Krisen zu lernen
und neue zu vermeiden

ca. 176 Seiten, gebunden
ca. € 32,95
ISBN 978-3-8349-3418-5

SpringerGabler Verlag
Springer Fachmedien Wiesbaden 2012

In der Weltwirtschaft beginnt eine neue Zeitrechnung. Ausgelöst durch Finanz-, Banken- und Schulden-Crash der EU-Staaten wird Europa zum Motor der Neuorientierung. Gleichzeitig wird die Psychologie immer mehr zum bestimmenden Faktor des Wirtschaftens. Ein Paradigmenwechsel zeichnet sich ab: weg von der unkontrollierten Profitgier hin zu Nachhaltigkeit und Werterhaltung.

Der Verhaltensökonom und Innovationscoach Winfried Neun beschreibt sehr eindrücklich die Hintergründe der letzten und der aktuellen Wirtschaftskrise. Auf Basis seiner Erfahrungen aus der Beratungspraxis zeigt er an Beispielen auf, warum insbesondere wirtschaftspsychologische Ansätze für die Entstehung von Krisen verantwortlich sind. Und er beantwortet die Frage: Was können wir im Gegenzug als Unternehmer, Arbeitgeber und Arbeitnehmer daraus lernen?

Ein Mut machendes, provokatives Buch für alle, die sich nicht länger als Spielball der Systeme treiben lassen, sondern den wirtschaftlichen Wandel aktiv in die Hand nehmen wollen. Auch in englischer Sprache verfügbar.

Der Inhalt
• Der Finanz-Crash aus ökonomischer und psychologischer Sicht
• Was wir aus Krisen lernen können
• Intelligentes Wachstum durch Querdenken und Innovation.
  Drei Regeln zur Krisenvermeidung

Direkt zur Buchbestellung gelangen Sie
per E-Mail an info@wortflamme.de
oder unter diesem QR-Code:

„Innovationen im Mittelstand erfolgreich managen"
25 Tipps für die praktische Umsetzung

ca. 217 Seiten, gebunden
ca. € 34,99
ISBN 978-3-8349-3106-5

SpringerGabler Verlag
Springer Fachmedien Wiesbaden 2014

Was ist bei Innovationen im Mittelstand zu beachten?
Winfried Neuns Anleitung für ein erfolgreiches Innovationsmanagement beantwortet diese Frage und gibt pointierte und erprobte Tipps für die Umsetzung. Die Bandbreite reicht vom klassischen Management in Veränderungsprozessen bis hin zu neuesten Erkenntnissen aus der Hirnforschung, die das Umsetzen von Innovationen beschleunigen.

Das Besondere des Buches: Alle Empfehlungen werden verhaltensökonomisch beleuchtet und an konkreten Unternehmensbeispielen veranschaulicht. Dadurch erhöht sich der Nutzwert des Buches für den Leser signifikant.

Empfehlenswert daher sowohl für Geschäftsführer und Leiter von F&E-Abteilungen als auch für Führungskräfte in Marketing und Vertrieb.

Der Inhalt

• Bilanzieren Sie Ihre Innovationskraft
• Überdenken Sie Ihre aktuelle Wachstumsphilosophie
• Nutzen Sie die Chancen der Innovationspsychologie
• Innovationen brauchen professionelle Führung
• Eine zielorientierte Innovationskultur entwickeln
• Innovationsfallen erkennen und eliminieren

Direkt zur Buchbestellung gelangen Sie
per E-Mail an info@wortflamme.de
oder unter diesem QR-Code:

„Börsenpsychologie - Anlegertypologie"

1. Auflage (2017)
Paperback € 8,99
E-book € 4,99

Autor: Winfried Neun
Printed in Germany

Verlag: tao.de in J. Kamphausen Mediengruppe GmbH, Bielefeld,
www.tao.de, eMail: info@tao.de

Bibliografische Information der
Deutschen Nationalbibliothek:
Die Deutsche Nationalbibliothek verzeichnet diese Publikation in der Deutschen Nationalbibliografie; detaillierte bibliografische Daten sind im Internet über http://dnb.d-nb.de abrufbar.

ISBN Paperback: 978-3-96051-936-2
ISBN e-Book: 978-3-96051-937-9